CONTENTS

こんにちは。
僕の名前は、

宮世琉弥
です！

すでに知ってくれている方も
初めて僕を目にする方も、
どうぞよろしくお願いします。
この本『RB』は僕にとって
初めてのスタイルブックです。

僕のキャラクターや生い立ち、
趣味嗜好や普段どんなことを
考えて生きているかがこの一冊で
まるっとわかる内容に
なっています。

INTRODUCTION

わかりやすく言うと、
そうだなあ……この本は
僕の取扱説明書、いわゆる
トリセツなのかなって。

いろんなテイストの
写真が見てもらえるし
僕の彼女気分を味わって
もらえるシーンも満載！

僕は自分のことを
質問されると包み隠さず
喋っちゃうタイプだから
そのぶん、内容もぎっしり。

この本の撮影とインタビューを通して
これまで生きてきた17年間を
じっくり振り返ることができたし、
これから先の未来もきちんと
見つめることができました。

ここまでの僕のプレゼンで
ページをめくるのがどんどん
楽しみになってきたでしょ？

010

ひとりでのんびり読んでも
友達とワイワイ見ても
きっと楽しいって僕が約束する。

愛情をたっぷり込めて作ったので、
ぜひ、最後まで楽しんでください!

はじまり
はじまり〜

りゅうびのこと。

まずは、僕の自己紹介からスタート！

プロフィールや毎日の様子をレポートしたいと思います。

「初めまして」の方はもちろん、いつも僕を応援してくれている

りゅびーずのみんなにとってもフレッシュな情報がてんこ盛り。

これを機に少しでも僕のことを知ってもらえたら、嬉しいな。

PROFILE CARD

NAME

宮世 琉弥

ニックネーム
りかびたん．りゅうび

誕生日
2004 / 01 / 22

血液型
AB

出身
宮城県

星座
水瓶

座右の銘
いつも 笑顔

Instagram
ryubi_miyase_offical

Twitter
@ miyase_staff

短所
うら．おもてがない

長所
うら、おもてがない

口癖
おい．おい

好きな色
んうさき

将来の夢
国民的俳優

人生の野望
映画を作る

チャームポイント
顔 （笑）

コンプレックス
なし

特技
しらけさせる事

苦手なこと
笑わせる事

得意なモノマネ
スティッチ

尊敬する人
親

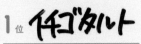

MY BEST 3

THEME: 好きな食べ物

1位 イチゴタルト	2位 カレー	3位 トマトのコンフォート

THEME: 好きな音楽

1位 ズックにロック	2位 今ぞ kissne	3位 青虫.

THEME: 好きな映画

1位 ソニーダストリート	2位 レオン	3位 アベンジャーズ

THEME: 好きな動物

1位 犬	2位 カワウソ	3位 ミーアキャット

一番好きな季節

秋

好きなゲーム

APEX

好きな洋服のブランド

UNDERCOVER

好きな本・雑誌

画家の言葉46

好きな漫画

チェンソーマン

カラオケでよく歌う曲

チェリー

旅行に行きたいのはどこ？

ハワイ

何をしている瞬間が一番幸せ？

仕事

もしも魔法が使えたら何をする？

身長2cm増附

生まれ変わったら何になりたい？

鳥

10年後の自分にメッセージを送ってね！

ちゃんと売れてるか!? 恩返しできてるか？Love.

RYUBI MIYASE

"おうちりゅうび"を のぞき見っ❤

まずはりゅうびの生態をチェック！
朝と夜、おうち時間をどんな風に
過ごしているのかのぞき見してきたよ。

#モーニングルーティーン

♪ 8:00 起床

> おはよー！

♪ 8:03 お香を焚く

朝は好きな香りと一緒に始めたいんだ。
ローズ、ホワイトセージとかを選ぶことが多いよ。

RELAX...

> テンション上がると
> つい踊っちゃう！

DANCE DANCE DANCE

♪ 8:05 音楽をかける

クラシックが好きでプレイリストを作ってるんだ。ベートー
ヴェンの『運命』とか、素敵だよね。あと、昔の邦楽も好き
なんだよね。玉置浩二さんでしょ、長渕剛さん、広瀬香美
さん、サザンオールスターズさん、ゆずさん、ユーミンさん、
THE BOOMさん、THE BLUE HEARTSさん……
挙げ出したらどんどん出てきて、キリがないっ！80〜90
年代の曲って歌詞がいい曲、多くない？

♪ 8:10 シャワーを浴びる

音楽も一緒にバスルームへ移動〜♪

🕐 8:25 水を飲む

お風呂上がりに飲む水って、
なんでこんなにおいしいんだろ？

> うまー

🕐 8:27 スキンケア

化粧水→乳液→シートマスク→シェービング
仕事柄、肌はキレイでいられるように
心がけてます！

> お肌
> モチモチ〜♪

① 8:30 ドライヤー

髪を乾かす前は洗い流さないトリートメントを
絶対付けるようにしてる！ 男だって乾燥するんです。

② 8:40 朝ごはん

メニューは大体、バナナ1本！

いただきまーす！

芸能人は
歯が命！
なんだよね？

③ 8:50
歯磨き

⑨9:00 ウーパールーパーの朝ごはんタイム

お待ちどうさまー！
いっぱい食べるんだぞ

⑤ 9:05
着替え＆ヘアセット

コーディネートは前の日の夜に
決めておく派なんだ。

行ってきまーす！

⑥ 9:15 出発

持ち物はお財布、スマホ、
リップクリーム、ハンカチくらい。
ポケットに入れて、
手ぶらで出かけることが多いよ。

＃ナイトルーティーン

旅はローズが タイかな

① 19:00　**帰宅**

帰宅したらまず、
手洗い、うがいをするよ。

① 19:05　**お香を焚く**

① 19:30　**バスタイム**

42℃の湯船で半身浴or全身浴。ラベンダーのバスソルトを入れて
リラックスするよ。週に2〜3回はクレイパックをすることも！

お風呂の中でも 音楽かけっぱなし♪

ただいまー！

① 20:30　**スキンケア**

化粧水→乳液→シートマスクのステップ。化粧水と
乳液は朝と同じように塗るよ。シートマスクは毎日、朝晩。

毎日が スペシャルケア♡

テキトーで オッケー♪

① 20:40　**ドライヤー**

手で髪をわしゃわしゃしながら
乾かすとすぐ終わるよ！

ブォー

🕗 20:50 学校の宿題

ラジオかお気に入りのプレイリストをかけながら
学校の宿題をするよ。単位はちゃんと取らないとね!

うーん…
これは難問りだ…

動きやすい
カッコが好き〜♪

🕙 22:00 次の日の準備

行き先をチェックして乗る電車の時間を調べたり、
予定や気分に合わせてコーディネートも選んでおくよ!

🕙 22:15 台本を覚える

ドラマの撮影期間は1日のラストに台本を読み込むよ。
口に出してセリフをぶつぶつ……。

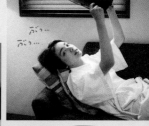

ぶぅ…
ぶぅ…

あれ!?
寝落ち!?

ZZZ…

まんじゅうこわい
まんじゅうこわい

🕛 24:00 就寝

台本を読みながら気づいたら寝落ちしてる……
なーんてことがよくあります(笑)。
以上、僕の#モーニングルーティン&#ナイトルーティンでした♪

·Spring·

マイスクール ライフ

My School Life

春は出会いと別れの季節。クラス替えは今でも毎年ワクワクする。
仲がいい友達と同じクラスになれたら嬉しいし、新しい友達が増えるのも楽しみ。
ポカポカ陽気で、春風が気持ちよくて、気候が最高！
僕が一番好きな季節かもしれない。満開の桜を見るのもこの季節の醍醐味だよね。
いつか見た名古屋城の桜吹雪、キレイだったなあ。

何を隠そう、
理系の科目が得意です。

カケカケ…

正直、勉強は大嫌い。やらなくてもいいんじゃない？
って思ってるくらいです。はい、ごめんなさい！
　　　だから、お昼休みの前や午後の授業が終わりそうな
時間になるとすごくテンションが上がります。

ちなみに、好きな科目は
体育、数学、化学。嫌いな科目は国語です。
これはもう大っ嫌い（笑）！

上履きは
カスタム派♡

可愛くない？

掃除って

ついつい

シャウト
しちゃう

ぶざけちゃう

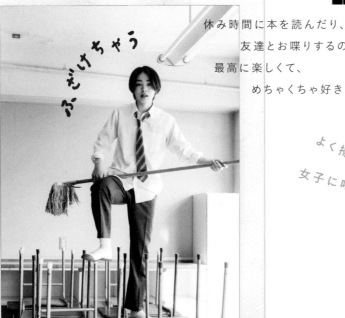

休み時間に本を読んだり、
　　　友達とお喋りするのは
　　　最高に楽しくて、
　　　　めちゃくちゃ好きなんだけどね。

掃除の時間

よく掃除をサボって、
女子に叱られてます。

最近のプレイリストは
　　昭和ポップス、多め♪

帰り道は
　好きな音楽を聴くよ！

コアラ
りゅうび、
参上！

青空、気持ち──！

今日は
バスケだよ!

今日はバスケをしたけど、部活はバレー部。
　子どもの頃もサッカーと野球をやってたし
自分で言うのもなんだけど、
　球技は得意なほうなんだよね。

よっしゃ、
入ったー♪

SHOOOOOOOOOOOOOOOOOOT!

部活はバレー部！

昼食の時間

晴れた日のランチは絶対、屋上主義！

昔は給食に出てくる
マグロの唐揚げが好きだったなー。
甘いソースに絡めて食べるんだけど、
ごはんに合うんだよね。あれ、また食べたい。

026

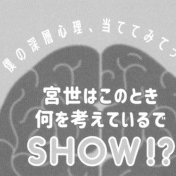

僕の深層心理、当ててみてっ♡

宮世はこのとき何を考えているでSHOW!?

何問正解できるか
レッツ、チャレンジ！

深呼吸
すぅー
はぁー

あくびが止まらない
ふわ〜

赤面……しちゃう
ポッ…♡

そんなことないよ〜
いきなり謙虚

急に早口になる

爪で親指を押す
ぎゅ〜

Yeah♪
Yeah♪

ガッツポーズ！
ごまかしとり

超絶
ハイテンション！

おなかがなる
ぐぅ〜〜

ぽろり
涙が出てきた

ポーカーフェイス
フフフ

めちゃくちゃ喋る

ペラ
ペラ
ペラ
ペラ
僕さ、昨日さ…

弱音を吐く
どうせ僕なんて…

真顔

028

CHAPTER 2

りゅうじ
の
ふく。

僕の頭の中の大半は洋服のことで占められてるんじゃ

ないかな?っていうくらい、ファッションが大好き。

そんな僕のオシャレのこだわりや溺愛アイテムをご覧あれ。

サニーカラーを
指し色に効かせて
着崩してみたよん

古着屋さと洗いさせうトヴィンテージ系のコーデでgo♪

ブラウンのボトムで大人っぽさをひとさじ

迷彩のセットアップをイエローのシャツとビビッドオレンジの靴下でアップテンポな印象に。シャツをわざとアウトにしていい感じのガサツ感を狙ったつもり。

SET-UP:BRIGHT THINGS
SHIRTS:COMME des GARCONS
SOCKS:NO BRAND
SHOES:RAF SIMONS

スプリングコートは春に欠かせないアイテム。これ、バックプリントが魔女で強烈なんですよ。お見せできなくて残念(笑)。古着メインの着こなしです。

COAT:UNDERCOVER
INNER(VEST):SKOLOCT
DENIM PANTS:VINTAGE
SHOES:adidas(VINTAGE)
SUNGLASSES:GENTLE MONSTER

このシャツ、トレンチコートみたいなシルエットがよくないですか? 脇がガッツリ開いてるので、防寒もかねてタートルネックを中に仕込んでます。

SHIRTS:my beautiful landlet
INNER:NO BRAND
PANTS:VINTAGE
SOCKS:NO BRAND
SHOES:UNDERCOVER

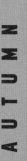

りゅうとふぁっく。

きせかえ

アイテムの個性や小物使いでシンプルコーデをエッジィに

カラフルなインナーでコーデにリズムを付けたよ

どうなってるの?ってツッコまれて会話が弾むよね〜

ニットとパンツだけだとものすごくシンプルでまとまりすぎちゃうから、スニーカーをアクセントにしてみました。このニット、シルクニットで気持ちよくて、袖がボコってなってて可愛いんです。

KNIT:VINTAGE
PANTS:JOHN LAWRENCE SULLIVAN
SHOES:kolor

秋にヘビロテのセットアップはアルマーニで購入。それだけだとフォーマル感が強くなるから、インナーに80'sのエイプのマルチボーダーニットをチョイスして遊び心をプラスしてみました。

SET-UP:EMPORIO ARMANI
KNIT:A BATHING APE ®
SHOES:UNDERCOVER

ワイプロのスウェットが2枚ドッキングした作りなんです。トップスにインパクトがあるぶん、ボトムスはヴィンテージで揃えてシックに引き算。リーバイスのパンツはフレアなシルエットがお気に入り。

SWEAT SHIRS:Y/PROJECT
PANTS:LEVI'S(VINTAGE)
SHOES:VINTAGE

街歩きする日の
テッパンカジュアル♪
ポール、超イケメン

このアンカバのTシャツ、プリントがイケてる

このパンツ、パジャマから一軍に昇格したんですけど、アンカバとキューブリック監督の映画『時計じかけのオレンジ』のコラボなんです。Tシャツはポールマッカートニーさんがクール。くわえた薔薇も似合ってる。

T-SHIRTS:UNDERCOVER
PANTS:VINTAGE
SANDALS:VINTAGE

これは完全にTシャツが主役！頭からなんか飛び出してる独特なプリントの世界観がすごく気に入っています。半端丈のパンツとヴィンテージのサンダルでゆるっとハズしました。

T-SHIRTS:UNDERCOVER
PANTS:MM6
SANDALS:VINTAGE

脱さりげないくらい雑でラフなコーデでゆるっとしてたい

このTシャツもアンカバのもので薔薇がいいですよね。サイズもオーバーめで着心地がいいし袖の切りっぱなし感が珍しい。パンツのラインとTシャツの色をリンクさせたのがポイント。

T-SHIRTS:UNDERCOVER
PANTS:BRIGHT THINGS
SANDALS:VINTAGE

りゅうび

僕の私服onlyで春夏秋冬のコーデを組んでみました。ブランドのアイテムばかりでtoo muchにならないように気を付けながら、スパイシーなデザインやビビッドカラーで自分らしいアクセントをつけるのがオリジナリティかも。古着が大好きで隙あらばミックスするのもmy定番かな。

このアウターを羽織るだけでオシャレ偏差値、急上昇〜♪

シャツとソックスをリンクさせてるの気付いてくれたかな？

ピンクと赤のシャツを重ねてファニーなコーデに。コートが肩パット入りでカチッとするからスニーカーでカジュアルダウンしたよ。

COAT:VINTAGE
PINK-SHIRTS:VINTAGE
RED-SHIRTS:COMME des GARCONS
PANTS:JOHN LAWRENCE SULLIVAN
SOCKS:NO BRAND
SHOES:adidas(VINTAGE)

GジャンをシャツいしたアウターレイヤードスタイルGジャンをシャツ使いしたアウターレイヤードスタイル

ヴィンテージコートに70'sにLeeがリリースしたGジャンをイン。インナーの白Tを裾から大胆に出して印象を軽やかに。偏光サングラスでモード感も。

COAT:VINTAGE
JUMPER:Lee(VINTAGE)
INNER:UNDERCOVER
PANTS:UNDERCOVER
SHOES:UNDERCOVER
SUNGLASSES:Ray-Ban

ジレがパタゴニアのフリースジャケットをリメイクしたパッチワークのアウターはあったかい上に1枚でオシャレ。ギャルソンの太パンでずるっと着こなすと思いきやラフなスニーカーでモードっぽいエッセンスも注入。

OUTER:GILET
PANTS:COMME des GARCONS
SHOES:RAF SIMONS

（ ぼくとふくのはなし。 ）

　休みの日は好きなショップをぐるぐる回って、好きなブランドのコレクションもこまめにチェック。いつもファッションに対してアンテナを張った状態で過ごすのが当たり前のことになっています。自分の中でひとつだけ決めているルールは、誰もが思う、まんまの組み合わせでは着ないこと。自分らしさがどこにもないコーデは物足りないなって思います。そんなわけで、僕の着こなしは多分、ちょっと個性的なほうだと思うんです。シンプルな服ももちろん持っていますし、気分によって好みがコロコロ変わるタイプではあるんですけど、最近は UNDERCOVER とか RAF SIMONS と COMME des GARCONS がリリースしているような、ちょっとエッジの効いたデザインのアイテムにくすぐられる傾向があるんですよね。どこかに毒っぽさやアート性が盛り込まれたものに弱いんです。あと

はやっぱり、古着が好き。誰かとかぶることがほぼないから自分だけの着こなしが楽しめるのが魅力的ですよね。時代にフォーカスすると、1970 ～ 1980 年代くらいのアイテムがすごくツボ。当時チェッカーズさんが衣装で着ていたパンクっぽいチェックのアイテムとか、いつか挑戦してみたいなって思います。そんなこんなで、マイウェイを突き進んでいるんですけど、それでいいんです。僕は性格的に人に左右されるのが嫌なタイプ。いつでも自分らしく生きていたいと思っているので、自分が着たい服を着るのがポリシーなんですよね。ちなみに、自分がそうだからなのか、好きな女の子ができたら、その子にもそうであってほしいなって思っちゃったりします。毎月、服にかける予算ですか……？ それは、聞かないでください（笑）。でも、ちゃんと考えて買ってますよ！ 欲しい服がものすごく高か

ったら仕事を頑張ってお金を貯めます。
今でこそ自分の好きなテイストや似合うアイテムがわかるようになってきたけど、オシャレに目覚めたばかりの頃は失敗もたくさんありました。結局着ないで終わってしまった服もあったりするし。そんな僕にファッションの真髄を教えてくれたのが、よく行くお気に入りの古着屋さん。その古着屋さんに出会わなければ、ここまでファッションに魅了されることはなかったかもしれないっていうくらい、そのお店の存在が僕のオシャレに対するスタンスを変えてくれました。洋服やブランドのルーツを教えてもらったり、僕の好みに合う服を買い付けてきてくれたり、とにかくお店に行くのが楽しくて、気付いたらファッションの虜になっていたんですよね。シルエットや色の合わせ方はもちろ

ん、ハイブランドと古着をミックスしてカジュアルダウンするコツや、コーディネートをする上でのバランス感覚を教えてもらいました。そんな風に買い物をさせてもらっているからか、洋服の断捨離をいくら繰り返してもそこの古着屋さんの服は絶対に残るんですよ。運命の出会いに、感謝！
　そんな僕が思うファッションの最大の魅力は身に付ける人の個性を光らせてくれるところ。世の中に洋服は星の数ほどたくさんあるから、合わせ方は何億通りもあるわけじゃないですか。その中から自分が着たいと思うものを選ぶのって難しくもあるけど、楽しい気持ちのほうが断然上。「その服カッコいい！　どこで買ったの？」とか、誰かと会話が弾むきっかけになるところもオシャレを楽しむ醍醐味なのかなって思います。

TALK ABOUT MY FASHION

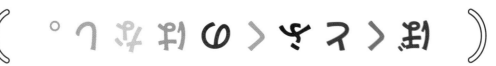

ぼくようふくのはなし。

I'm Fashion Addict!!!

Style is formal, mode and street ...

仕事でもプライベートでもタッグを組む
スタイリスト・徳永貴士氏をゲストに
迎え、3つのテイストを体現。
僕のセルフプロデュースによる
フォトセッション、スタート。

りゅうじふく。

**FASHION
ISSUE**

FORMAT

カチッとしたセットアップを敢えて
ストリートでカジュアルに着る
シチュエーションのギャップで魅せる。

どこかオールドアメリカンな
ムードを感じる着こなしが
僕なりのフォーマルなのかも。
デートに着てくのも、アリ？

MODE

研ぎ澄まされたコーデを
錆び付いた陸橋の存在感が
いい意味で駆逐してくれてる。

僕の中でテーマは"羽ばたき"。
オールブラックの衣装に
身を包んで、ヘアをエアリーにして
今にも空に手が届きそうな気分。

ストリートに浸って
髪も結んでみたりして。
自分なりに個性を出して
みたつもり。悪くないよね？

Fashion

RYUBI
MIYASE   N°.3

Addict!!!

パッチワークのブルゾンを主役に
ストリートに振り切ったスタイル。
たまにはこのくらい王道もいい。

STREET

0
3
7

PLEASE COLOR ME RAD!!!

RYUBI IN COLORFUL

いつもはナチュラルなブラウンヘアの僕が
ハイトーンカラーに挑戦したら、一体、
どんなイメージになるのか……? 僕自身も
初めて出会う新しい表情を一緒に見届けて。

マジでカッコいいが
自分への第一印象（笑）。
ぶっちゃけ似合うよね？

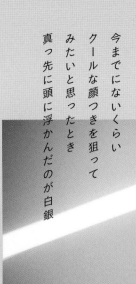

V

E

今までにないくらい
クールな顔つきを狙って
みたいと思ったとき
真っ先に頭に浮かんだのが白銀

ペールトーンの
コーディネートが
韓流王子っぽい雰囲気も
連れてきてくれた。

R

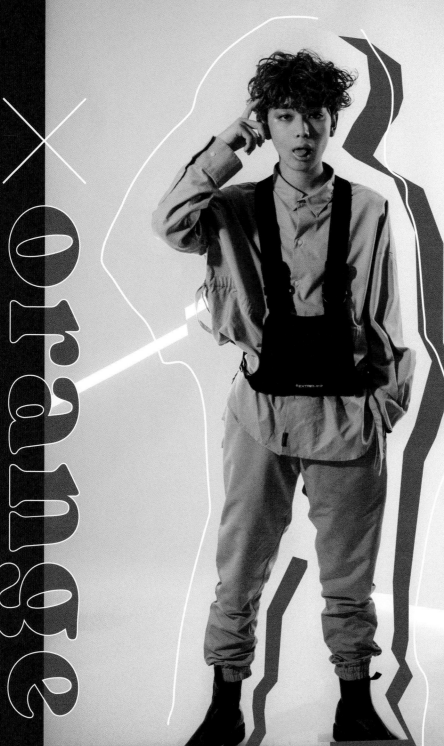

×Orange

ミュージカル『アニー』にオマージュを
捧げたオレンジレッド、鮮烈だよね。
これも、ぶっちゃけ似合うなって（笑）。

カーリーヘアでやんちゃ度をアップ！
イメチェンするならこのくらい振り切らないと。

髪型って驚くほど印象を変えてくれる。
マインドまで新鮮になるとか、まるで魔法。

子どもの頃からずっと憧れていた
ブロンズヘアをようやく実現！
これにて、夢が叶っちゃいました。
スパイシーな僕も悪くないよね？

ゴールドのヘアカラーって
それだけでファッション性を
高めてくれるところに感動。
いつかまた絶対トライしたいな。

gold gold gold gold gold gold gold gold gold gold gold gold gold gold gold

GOLD
GOLD
GOLD

エッジの効いた
サングラスや派手色の
ライダースだって余裕で
着こなせるのが嬉しい。
運命のヘアカラー、
ガチで見つけたかも。

(photo story) in

（ぼくのなつやすみ。

僕の夏休みといえば、
家族でよく行くツリーハウス。
お父さんが持っているボートに乗って
釣りをしたり、バイクでツーリングしたり
家族みんなでゲームしたり。
今でも夏が来るたび楽しみな
行事なんだよね。
宿題は溜めて溜めて、8/31に一気に
やるタイプ。日記もまとめて書いてた。
集中力はあるほうなんです。

食べたら
眠くなってきた
ちょっとお昼寝
しちゃおっかな……。

ペロッ

フーイスイ

平泳ぎの
フォームの練習だ！
結構得意なんだよ。

シュワッチ！

宿題なんて
あとまわし、あとまわし……。

「夏祭りデート、したくない？」

夏祭りのお楽しみはやっぱ、縁日だよね。

スーパーボールは絶対すくいたいし、

りんご飴も絶対買いたいな〜♪

浴衣、似合ってるじゃん。

せっかくだし、写真撮ろっか。

見て、こんなにすくえたよ。
カラフルでキレイだよね。

「スーパーボール、取ってあげる。」

浴衣を着て好きな女の子と
デートするの、ずっと夢だったんだ。
今日は叶えてもらえて嬉しい!
来年も一緒に来ようね!指切りしよ?

海で

ワイワイ

はしゃぎたい。

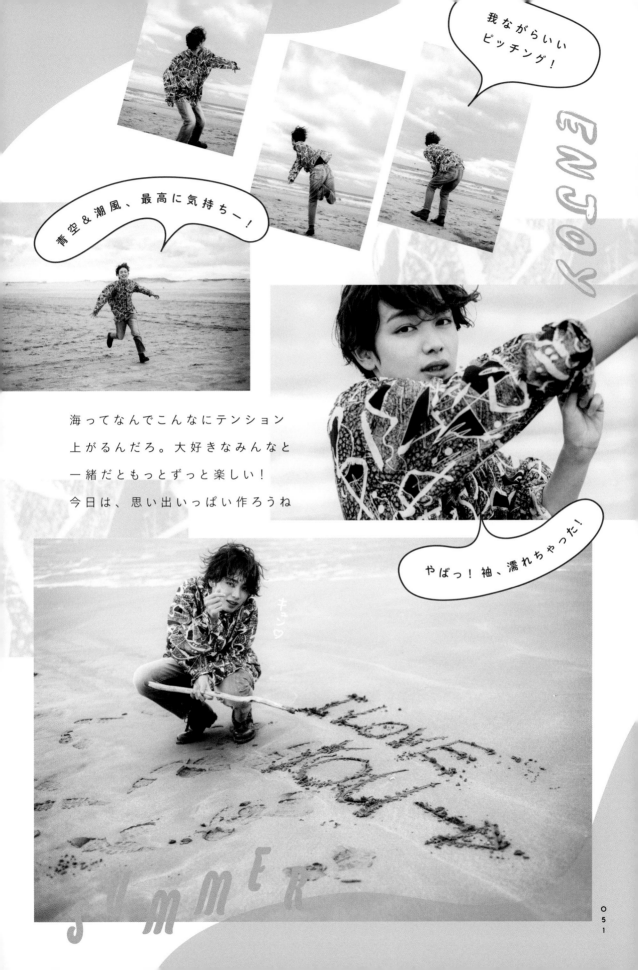

我ながらいい
ピッチング！

青空＆潮風、最高に気持ちー！

ENJOY

海ってなんでこんなにテンション
上がるんだろ。大好きなみんなと
一緒だともっとずっと楽しい！
今日は、思い出いっぱい作ろうね

やばっ！袖、濡れちゃった！

太陽が沈んだら、花火でしょ。

人混みが苦手な僕は花火大会に出かけるより、
まったりできる手持ち花火のほうが好きなんです。
友達とも家族とも夏が来るたび絶対やるよ!

2本持ちで行くぞー!
おっ!どっちも盛り上がってきた
と思ったら終わっちゃった。
火がついたらあっちゅーまだね。

線香花火、どっちが長く

続けられるか競争しよっ!

揺らさないように、静かに……。

だんだんパチパチしてきた!

今、不意打ちで写真
撮ったでしょ?
ま、いいんだけどさ。
でもって僕の勝ちだね♡

僕のデートプランに
付き合ってもらっても、いいかな……？

りゅうびとデート
してみたら ♡

「好きな子とこんなデートがしてみたい」を
僕の脚本でフォトストーリーにしてみたよ。
やりたいことてんこ盛りの1日だけど、よろしくね。

10:00 **待ち合わせ**

ショッピングモールの入り口で待ち合わせ。
約束の時間の5分前に着くつもりだったのに
着てく服に悩んで遅くなっちゃった〜ごめん！

お待たせ！

ごめん、
待った？

今日は一緒にDIY
したいと思ってるんだよね
材料の買い出しに行こ！

ん っ ？

僕の顔、
なんかついてる？

なんでそんなに
じっと見るの？

shopping...

早くー！
置いてくよ

このお店、
雰囲気よくない？

12:00　カフェで休憩

ショッピングモールのすぐ近くに
最近お気に入りのカフェがあるんだ。
雰囲気もすっごくいいから一度
連れて行きたいって思ってたんだよね。

いっぱい歩いたら
ちょっと疲れたね
少し休憩しよっか

はい、カフェラテでいいんだよね？

C A F E

T I M E

写真撮るよー
笑って、笑って

僕のことも
撮ってくれるの？

ありがと♡

お！可愛く
撮れてるじゃん

とりあえず、
なんか聴こっか

13:30　帰宅

DIY用の荷物を家に置いたところで
音楽でも聴いてちょっと休憩しよっか。
リクエストあったら、遠慮なく言ってね。

最近、レコードに
ハマってるんだよね

MY PLAY LIST

☑ ベートーヴェンの『運命』とか、クラッシック

☑ チルなインストゥルメンタル

☑ 90年代の歌謡曲いろいろ！

じゃあ早速、
やりますか！

何を隠そう、僕、最近コーヒーを
おいしくドリップできるようになったんだよね。
騙されたと思って、ひと口飲んでみてよ。
絶対おいしいって約束するから、
お願いっ!

さっきのお店で
お豆買ったんだ

グアテマラっていう
種類にしたよ

お!
いい感じに入った
注ぐねー

ドリップ中の香りって、
いいよね

コーヒーが落ちるまで
ちょっとタイム

COFFEE BREAK

はい、どうぞ

どう? おいしい?

ちなみにこのカップ、
ファイヤーキングのなんだ
可愛いっしょ?

ISO 64

ふっ

天気もいいし、
テラスに出てみる?

17:00 夜ごはん

こないだデートしたとき、お鍋が好きって
話してたの、ちゃんと覚えてるよ♡
今日付き合ってくれたお礼に腕を振るうね！

今日は僕が
おもてなし

寄せ鍋にしようと
思うんだけど、
いい？

Cooking

野菜とお肉も
たっぷり入れて

栄養バランスは
大事だからね

もうちょっとで
できるよー

Autumn

僕 が 秋 に し た い 4 つ の こ と 。

1 *in autumn, four things i want to do*

「 本 を 読 む 」

国語は苦手なんだけど、小説を読むのは好きなんです。ドラマや映画の台本もそうなんですが、

ストーリーを追っていると続きが気になって、どんどんページをめくっている自分がいます。

鮮やかな紅葉が好きで気温もちょうどいいから公園で読書とか、いいよね。

好きな本は『銀河鉄道の夜』と『星の王子さま』。『星の王子さま』に出てくるキツネのセリフが

すごく心に刺さって。誰かと絆を作ることの尊さを学びました。

ブラウン系の服って
秋を着てる気分になる

そんな風に感じるのは
もしかして、僕だけ？

小説を読み始めたら
ポエミーになっちゃった

「 デイキャンプ を楽しむ 」

僕は基本的にインドア派。

休みの日は家の中で過ごすことが多いんだけど

最近、**キャンプに興味が湧いてきました。**

秋は気候がいいから春と同じくらい好きで。

大自然に抱かれながら自分で淹れたコーヒーとか、

家で飲むより絶対においしいよね。

アウトドアコーデも

手間暇かけるのが楽しくて、

リピートしちゃいそう。

初心者の僕は、日帰りのデイキャンプから

始めたいと思います。

いつかみんなで行こうね。

心まであったまる…
バリスタの才能
あるかも？ なーんて

Nice to meet you my best friend!

たろう、今日は
付き合ってくれて
ありがとね♡

065

「 食欲の秋を楽しむ 」

食欲の秋を楽しむとか言っちゃったけど、**僕、季節を問わず年中無休で**
お腹が空いてるかも（笑）。好きなものを好きなだけ食べるからうっかり太ることもあって。
そういうときは、緊急ダイエットを決行！炭水化物とジュースとお菓子を我慢します。
今日はチートデイってことで「いただきます♡」。

Things
I love
to eat...

モンブラン

シュークリーム

ハンバーガー

キャンディ

おにぎり

ドーナツ

やきいも

クラムチャウダー

フライドチキン

in autumn. four things I want to op op

「ハロウィンで仮装しちゃうよ」

仮装って楽しいよね。ハロウィンでは今までいろんな仮装をしてきました！
『パイレーツ・オブ・カリビアン』のジャック・スパロウになったり、
『モンスターズ・インク』のマイクの人形を頭に乗っけたりとか♪
それで、友達と練り歩いて、お菓子をもらうのが毎年のお決まり。

今日のウサギちゃんは可愛かったけど、
びっくりするくらい暑かった！
遊園地の着ぐるみのアルバイトの人の
気持ちが染みるほどわかりました。

……って、あのキャラクターたちは全員、着ぐるみなんかじゃなくて
生きてるんでした。僕は何言ってるんだろう。失敬。

なんでもいいから
おいしいお菓子
ちょーだい!

\ Trick or Treat /

お菓子をくれないとイタズラしちゃうよ!
僕からもチョコレートのプレゼント♡

やったー!
今年も豊作
嬉しいなー

の気持ちを
込めて、1曲
披露しまーす

jyajyajya

jyajya-n!

RYUBI MIYASE
2004.01.22

RB17

CHAPTER ———— 3

りゅうびのれきし。

僕がこの世に生まれてからの17年間に
起きた出来事、考えたこと、感じたこと。
そして、未来への展望を包み隠さず語りました。
この本を手に取ってくれたあなたへの、とっておきだよ。

History

—生まれた頃のエピソードと家族構成を教えてください。

2004年1月22日、宮城県で産声を上げました。お母さんのおなかから出てくるとき、へその緒が首に巻いていて大変だったみたいです。家族構成は父母と妹3人。こう見えて、長男です。"宮世琉弥"の"宮世"は役者としてお仕事をさせていただくことが決まったとき、りゅびーずのみんなが付けてくれたもの。この名字には「宮城県から世界へ羽ばたけるように」という願いが込められています。"琉弥"は本名で、お父さんが付けてくれました。『三国志』ファンの父が「劉備玄徳のように人徳のある人間になって欲しい」という想いを込めて付けてくれたそうです。人生最初の記憶は、シャボン玉をしている光景。多分、2歳くらいのことだと思います。うちの妹はお母さんのおなかの中にいたときの記憶がしっかり残ってるみたいなんですけど、僕はさすがにそこまでは覚えていません。お母さんからは、子どもの頃から口を酸っぱくして「家事をきちんとしなさい」と言われて育ってきました。「食事の支度をしたり、お風呂を洗ったり、炊事・掃除・洗濯は当たり前のようにできると将来必ず役に立つよ」という教えのもと育ったので、今でもよくごはんを作ります。

—得意料理はありますか?

トマトのコンフォートです。フルーツトマトを甘いシロップに漬けたものなんですけど、我ながら、なかなかの腕前ですよ。

—地元はどんなところですか?

僕が生まれ育った仙台は、都会と自然がちょうどいいくらいにマッチしているところがいいなって思います。街の中に緑がブワってあるところがすごく好き。牛タンとかおいしいごはんもたくさんあるんですよね。もしこの本の第2弾が出せることになったら、そのときは絶対に地元をご案内したいです。

—家族とすごく仲がよさそうですよね。

そうなんです。すごく仲がよくて、クリスマスとかお正月とか誕生日とか、イベントは大体家族で過ごしています。そういうときに食卓に並ぶのは、僕たち4兄妹が好きなものがぎっしり詰まったオードブル。その中でもハンバーグはスタメンだった気がする。僕たち家族の団結力が強くなったのは、東日本大震災を一緒に乗り越えたというところがすごく大きい気がします。幸い、命は助かったものの、家は津波で流されちゃいましたし。本当だったらこのページで子どもの頃の写真をたくさん載せたいんですけど、残念ながら、手元にほとんど残ってないんですよね。でも、あの時期を乗り越えて、家族との絆は確実に深まったと思います。

—家族の中でムードメーカーは?

妹たちは3人とも伸び伸びしているけど、一番下の無邪気さにはみんな結構救われている気がします。

—ちなみに、サンタクロースの存在は何歳まで信じてた?

小2か小3じゃないかな? 夜中に目が覚めちゃってトイレに行こうとしたら「あっ、なるほど」っていう光景を目にしちゃったんですよね(笑)。

—思い出に残っているプレゼントはありますか?

これはクリスマスじゃなくて誕生日の思い出なんですけど、小学校高学年の頃に携帯電話を買ってもらったことです。そのちょっと前に僕、門限を破ったんですよ。うちの門限は17時だったんですけど、ちょっとだけ過ぎてしまって、かなり叱られたんですよね。しかも、「悪いことしたから、誕生日プレゼントはなしにします」って通告されて。で、しばらく凹んでたんですけど、その直後に誕生日があって。両親が「これからは門限を守りましょう」ってプレゼントしてくれたのが携帯電話だったんです。携帯電話、ずっと欲しかったんだけど欲しいって口に出したことはなくて。なのに僕が一番欲しい機種をプレゼントしてくれたのですごく驚きました! お母さんの細胞が察知したんですかね。母って偉大ですよね(笑)!

—小学校の頃はどんな子どもだったんですか?

無邪気でドジでバカ(笑)。自転車で田んぼに落ちたりとかしょっちゅうだったんで、怪我だらけでした。当時はゲーム屋さんになるのが夢だったな〜。習い事は野球、水泳、そろばん、学習塾。そろばんは結構得意で、今でも頭の中に浮かべたそろばんを弾いてパパッと暗算できますよ。

—まさか芸能の仕事をするなんて、夢にも思っていなかったんですね。

そうなんです。小学4年生のときに街でスカウトしてもらったのがきっかけで今の事務所のレッスンを受けるようになったんです。最初、担当の方から名刺をいただいたときはポカンとしてたんですけど、事務所名を調べたら、ももいろクローバーZさんが所属している事務所だということがわかって。ももクロさんのライブは観に行ったことがあったので自然と興味を持って、「僕も挑戦してみようかな」くらいの気持ちでスター

のまま、ぶっつけ本番で、合唱の時間になりました。当然、歌の歌詞もわからないんですけど、サビはすぐ歌えそうな気配がしたんです。「サビ、そろそろくるかな？」って本番で予想して、サビがきたら口パクで歌ってたんですよ。で、「2回目もここだったってことは、3回目はここか」って思って大声で歌ったら、そのタイミングでサビ前の間奏が入ったんですよ。でも時すでに遅し（笑）。みんなの視線を一身に浴びて「やばい」と思ってごまかしたんだけどごまかしきれなくて。みんな、笑うの我慢してました。ほんとは感動で泣いちゃうようなシーンだったのに、僕のミスでみんなが笑い泣きになっちゃって、すごく申し訳なかったです。みんな「しょうがない」って笑って許してくれたことが今でもいい思い出です。

トしました。今振り返るとあそこが人生のターニングポイントでしたね。この頃は野球に夢中で『楽天イーグルス』のジュニアチームに入っていて、ポジションはセカンド。野球選手になるのが夢だったんですよね。

──芸能のレッスンをスタートしてみて、いかがでしたか？

学校以外の友達と一緒にダンスを踊って、親密になっていくのが楽しかったんです！ それまでの生活に比べて、世界が一気に広がった気がしました。

──ダンス経験はあったんですか？

ないです、ないです。すべてが初めてで、手のウェーブとカムーンウォークも何もできなかったんですけど、僕、負けず嫌いな性格なんで（笑）。レッスンから帰ってきて家で繰り返し練習して、感覚を掴んでいきました！

──その頃は、放課後はいつもレッスンしていたんですか？

そうなんです。ずっと学校とレッスンの繰り返しでしたね。正直、周りのみんなが友達と遊んだり、部活を頑張ってたり、彼女とデートしているのを目の当たりにして羨ましいと思ったことは数え切れないくらいありました。今だから言えるけど、「もうやめちゃおうかな」って揺らいだ時期もあったんです。いわゆる普通の青春は全然送れていないので、普通の学生生活を送ってみたい願望もあったりして。でも、レッスンに行くと僕と同じような想いを抱えながら夢に向かって頑張っている仲間がいたから頑張れました。「僕も頑張ろう」っていう勇気や刺激をたくさんもらっていましたね。

──学祭も修学旅行も仕事でパスせざるを得なかったんですよね？

はい。中学校の卒業式だけはどうにかこうにか出席できたんですけど、そこでもミスってしまって。僕、中学3年生ぐらいからあまり学校に行けてなかったんです。だから、卒業式の練習ももちろんできていなくて、自分がどういう立ち位置で何をしたらいいのかもちっともわかっていなかったんですよね。そ

2歳くらい。プリンが食べたいのに食べられなくて号泣しているところをお母さんがパチリ。

幼稚園の入園式。すごく人見知りで緊張していて「お母さん、僕、どうしたらいいの？」っていう顔です。ちなみに仙台の春は桜がキレイですよ！

3歳か4歳の頃。家族で遊園地に行ってゴーカートを運転しているところです。週末になるとよく仙台で有名な遊園地に連れてってもらってました。観覧車も好きでよく乗せてもらってたな。今は絶叫系も大の得意です。

これも3〜4歳くらいのとき、家族で出かけた温泉宿でかくれんぼをしたんです。で、鬼に見つかっちゃって「あー、見つかったーって悔しがっているところを激写されました！

幼稚園年中くらいのとき、ピースを覚えたてで、してるつもりなんだけど微妙にできていないという（笑）。右手にお母さんのちょっとお高級なバッグを持ってパチリ。

小3くらいのとき、家族でカラオケに行ったときの1枚。お店にあったコスプレ衣装を借りて悟空になってます。この格好で『魔訶不思議アドベンチャー！』を熱唱しました。

小学5年生のときのハロウィン。従兄弟たちとパーティすることになって自分でヘアメイクしました！ みんなに笑ってもらいたい一心で黙々と顔を赤にしました。

Photos of Memories

Love

—初恋はいつ？

小1の頃、同じクラスの女の子のことを好きになったのが初恋だと思います。第一印象は「顔が可愛いな」だったんですけど、話してみたら性格もすごくいいんですよ。僕の面倒をよく見てくれて居心地がすっごくよくて。「一緒に帰る？」って誘ってもらうたびに胸がキュンとしていました。

—好きな人ができたら、追いかけるタイプ？ 追いかけてほしいタイプ？

僕、追われすぎると逃げたくなっちゃうタイプなんです。だから、僕が自然と振り向くように戦略を立ててくれてその術中にハマるのはいいんですけど、あまりにあからさまなアプローチだと変に意識しちゃってどうしていいかわからなくなっちゃうんですよね。友達からスタートするとかは全然アリなんですけど！ 好きな人ができたら、追いかけてもらえるように戦略を立ててみたいです（笑）。例えば、LINE しているとするじゃないですか。ラリーがチャットみたいに続いたあと、いきなり 10 分くらい返すのをやめてみるんですよ。それまでパンパンパンって会話が進んでいたのに「既読ついてるのになんで返ってこないの？」って気になってからの 10 分て、多分、永遠に感じるくらい長いんです。だから、ついに返信が来たとき、感動レベルで嬉しいと思うんです（笑）。

—告白したことはありますか？

あります！ すぐに「好き」って言います。でも、気持ちを伝えるタイミングを掴むのが下手なんですよね。

—好きな女の子に好きな人がいたらどうする？

そのことを知った上で、もしその子が僕とも仲がいい雰囲気を出してきたら、こっちが勘違いする前に「好きな子いるのに、僕に好きになられてもいいの？」って聞いちゃいますね。で、相手が「いいよ」って言ったら嬉しいし、「ごめん、そういうんじゃない」って返事だったら「じゃあこれまで通り友達でいよう」ってなるし。

—告白されたことはありますか？

あります。小学校、中学校の頃は正直モテてました（笑）。一度、「好きな子できたんだよね」って打ち明けてくれた女友達がいて。「そうなんだ一誰？」って聞いたら「席の番号で教えるね」って言われて、手の平に僕の席の番号を書いてくれた子がいたんです。言葉で気持ちを伝えてもらうより逆に照れくさくて「マジ？」って言ったあと、照れ隠しにその場を去ったことがあります。結局その子とは友達のままだったんですけど、今、思い返すと甘酸っぱくて素敵な思い出です。

—好みのタイプはありますか？

妹がいるせいか、年上の女性に惹かれてしまう傾向があるかもしれません。

—一目惚れしやすいタイプ？

僕、初めて会ったときの雰囲気でだいたい決まっちゃうんですよね。そこで周囲の人に対する姿勢が素敵だと「いいな」って思いますね。

—結婚願望はありますか？

あります！ みんなでワイワイできる“チルドレン家族”を目指したいです。自分のここまでを振り返ってみても、妹たちがいてくれたことで人生において大切な多くのことを学べたので、子どもも 2〜3 人欲しいですね。元気で生まれてきてくれさえすれば、性別はどっちでもいいかな！ でも、今は仕事が恋人です。向こう 10 年くらいは仕事が中心の毎日を送るんじゃないかなって気がしています。そのくらい、役者の仕事に夢中なんです。

Private

—自分のことをどんな性格だと思いますか？

マイペースな自由人！ 長所はコミュニケーション能力の高いところで短所は飽き性なところですかね。仕事とファッション以外のことはすぐに飽きちゃう。わかりやすいところだと、スマホのトップ画像とかすぐに変えちゃうタイプです（笑）。

—生まれ変わったら何になりたいですか？

鳥になって空を飛んで世界中を回ってみたいです。飛行機と違って天候が悪くても飛べそうだし、自由でいいなって思います。

—何をしているときが一番幸せ？

洋服を買うときですかね。好きなものが自分のものになる瞬間は幸せだなって思います。それを増やしていくのが人生の楽しみ！

—オフの日は何をして過ごすことが多い？

ひたすら寝て好きなだけゲームする、それこそがオフの醍醐味ですよね（笑）！ ベッドの周りにエアコンと電気のリモコン、スマホ、ゲーム、水、食べ物、ゴミ箱を置いて、トイレに行くとき以外はベッドの上から一歩も動かなくていい状態にします。

—悩み事ができたら自分で解決する？ 誰かに相談する？

全然相談しちゃいますね。別に無理に自分の中で抱える必要はないと思っているんです。よっぽど恥ずかしいことや照れくさいことは心の中にしまっちゃうかもしれないけど、それ以外は結構聞いちゃうほうかも。ストレスはメンタルだけじゃなく体調にも影響するから、心と体の健康のためにも、心を許せる人に甘えさせてもらうようにしています。役者の仕事は体が資本だから、上手にバランスを取っていきたいなって思うんです。

―ズバリ、親友はいる?

ドラマ『恋する母たち』で共演した(奥平)大兼と(藤原)大祐ですね。家にも遊びに来てくれて、顔を合わせたらずっと話しっぱなし。くだらないことも話すし、仕事のことを真面目に語り合ったりもして。親友であり、ライバルでもあります。お母さん同士も仲がよくて家族ぐるみでもあるので、友達の域を超えているかも。2人との出会いは人生の宝物です。

―人と付き合っていく上で大切にしていることはありますか?

礼儀ですね。"親しき仲にも礼儀あり"って本当にその通りだと思っているんです。出会ってから10年くらい一緒に過ごしてきたら、だんだん「ありがとう」っていう言葉を口に出す機会が減ってきちゃうと思うんですよ。仲がいいからこそ「言わなくてもわかるでしょ」みたいな。でも、やっぱりそういう感謝の気持ちって口にしないとわからないと思うし、言われて悪い気がする人なんていないと思うし。だから、「ありがとう」を常に言える人間でありたいなって、肝に銘じています。

―仕事以外で、今後挑戦してみたいことはありますか?

いつか服を作るのが夢ですね。絵を描くのが趣味だし、アートが大好きなので、それを活かして好きなブランドにデザインを提供してコラボしたりとか、憧れます。それからもうひとつ、これが一番なんですが、やっぱり、震災の経験をしている人って芸能界でもあまりいないんです。すごく辛い経験だったけど、伝えたい想いがたくさんあるので、いつか作品にして世の中に伝えたいと思います。

Work

―俳優としてのキャリアを着実に積み上げていますね。役者の仕事はいかがですか?

ありきたりな答えかもしれないけど、心の底から楽しいです。役を与えられて自分じゃない誰かになれるって、すごいことですよね。役によって仕事もキャラクターも違うから、自分の人生だけじゃ学んだり経験できないようなことにたくさん巡り合えるのもこの仕事の魅力だと思います。演じさせていただいた役を通して得た知識をもとに会話が広がって、新しい人間関係が広がったりすることがあったりするのも嬉しい発見でした。役作りも現場での経験も人生にとってプラスのことしかないんです。

―役者の仕事を深めるために、普段の生活で気を付けていることはありますか?

映画でもドラマでも、とにかく多くの作品に触れるようにしています。いろんな方の演技を観ることはそれだけで勉強になりますし、初めて共演させていただく方の作品はクランクインの前に予めちゃんと予習していくように心がけています。日常生活の中でつい人間観察しちゃうのもすっかりクセになっているかもしれないです。「人って焦ったとき、こういうリアクションするんだー」とかついチェックしてしまいます。アートが好きなので、絵を見て「きっと、こんな気持ちで描いたのかな?」って想像したりもよくします。で、実際はどうだったのかを調べて答え合わせしたり。役者の仕事は想像力が豊かなほど表現も豊かになっていくと思うので、想像力を伸ばすことも常日頃から大切にしています。

―憧れの役者さんや人生に影響を与えてくれた人はいますか?

北村匠海さん、菅田将暉さん、吉沢亮さんは本当にすごいなって思って、憧れています。みなさんそれぞれ幅広い役を演じているのを観て、いっぱい吸収しなきゃっていう思いに掻き立てられます。でも、だからってその人みたいになりたいのかと聞かれればそれは違うんですよね。誰かみたいにはなりたくないんです。参考にさせていただくところは素直に参考にしつつ、きちんと芯を持って、自分だけの表現やスタイルを確立していきたいという思いはいつも心の中にあります。

―現場に入る前にはどんな準備をしますか?

頭の中で自分が出るシーンのシュミレーションをしっかりしますね。台本を最初に読む段階から、「この方はきっとこんな風にセリフを言うだろうから、僕はこう返そう」とか、何パターンも考えたりします。いろんな引き出しを持って臨んで、監督のリクエストに対応していきたいので欠かさずにしています。

―仕事をしていく上でのモチベーションは何ですか?

一番は、作品が出来上がったときの達成感ですね。「あの役すごかったね」とか「これ観たよ」とか、そういう些細な声かけのひとつひとつが本当に嬉しいんです! ファンのみんなや友達、周囲のスタッフみなさんの反応が原動力になっています。

―この先、演じてみたい役柄はありますか?

いただいた役はなんでも全力でやり遂げたいと思います。王道のキラキラした役もチャンスをいただけるのであれば挑戦したいですし、個人的には、サスペンス系の作品で狂った役にも挑戦してみたいですね。でも、仕事に関してはりゅーびーずを始めとするファンのみんなの意見も取り入れていきたいと思っているので、SNSなどにコメントをいただけるとすごく嬉しいです。全部の書き込みに返信できなくてごめんなさい。でも、送ってくれたメッセージは、ちゃんと全部、読んでるからね。みんなと一緒に前に進んでいけたら最高に幸せです。これからも、どうぞよろしくお願いいたします!

in

Winter

君と一緒なら
寒い冬だって
ホカホカだよね……？

寒いのは苦手だけど、マフラーをしたり
お気に入りのアウターを着たり。
この季節にしかできないオシャレが
楽しめるから、冬ってなかなか憎めない。

クリスマス、お正月、それから、僕の誕生日。

寒空 と 君 と マフラー と

大事な瞬間に隣にいてもらえたらめちゃ幸せ。

Let's Get Started!

クリスマスパーティ
始まるよー！

イグは朝から
おもてなしの準備

君が来る前に
ツリーを
飾らなくっちゃ

星をつけて……

僕がスター！ なんちゃって
ふざけてる場合じゃないっ！

ピンチ、ピンチ
スターが唇に
来りちゃったー

こちらサンタです
chu

似合ってるじゃ〜ん
♪♪

いちごタルト
食べ？

僕の大好物♡
イチゴタルト

パクッ

2人だけのちっちゃな
クリスマスパーティ
楽しんでもらえた？

Merry Christmas!

カンパーイ！
（ジンジャーエールだけど……ww）

気分だけほろ酔い♪　♡　　ハートにバキュン♡

おうちでぬくぬくチルアウトって

最高に幸せ♡

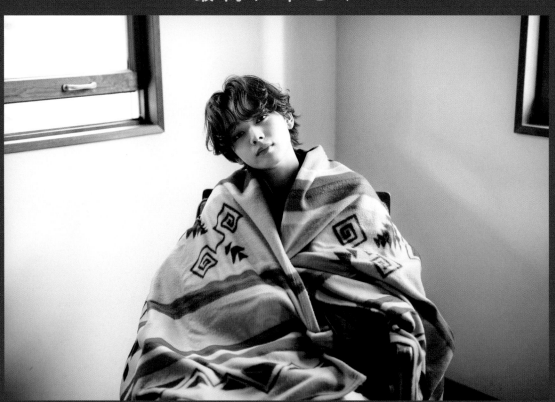

年末年始は学校も仕事もお休みになることが多いから

ダラッダラのダメ人間生活をしまくるって決めてるんだ。

ひたすらゴロゴロして、映画を見て、昼寝して、ゲームして、

好きなおやつもこれでもかってくらいいっぱい食べちゃう。

寒がりだから、肌触りのいいブランケットが冬の恋人です♡

新年は初詣→書き初めから襟を正して始めるよ!

僕自身もこの本でも
りゅびーずを喜ばせられる
1年になりますように!
神様、お願いします

お賽銭は
決まって
100円だよん

破魔矢も買って
新しい1年に
気合注入っ!

新年の抱負、発表しま〜す!

今、僕がこうしてここで仕事ができて
いるのは、すべてご縁のおかげだと
思うんです。今年もご縁を忘れずに
頑張りたいという気持ちを込めて
"縁"と書かせていただきました。
スタッフのみなさん、家族、友達、
それから、りゅびーずのみんな、
いつも本当にありがとう♡

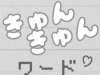

「りゅうびといると楽しい」

こんなに自然と
仲良くなれたの初めて

きゃんきゃん ワード ♡

この2つは言われてみたい！

暑いなーって
**Tシャツの
襟元をパタパタ**しながら
のぞく女の子、可愛いすぎてずるい！

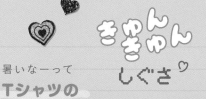
きゃんきゃん しぐさ ♡

僕が転びそうになったとき、
自然に
大丈夫？

廊下の角でぶつかっちゃったときに「あ、すいません」って
なって「いえいえ」みたいに言いながら
振り向く瞬間の女の子が控えめな感じで好き（笑）。
細かいシチュエーションだけど、なんとなく伝わる……？

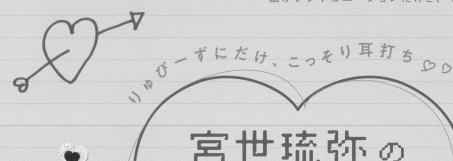

りゅびーずにだけ、こっそり耳打ち ♡

宮世琉弥の オトし方

女の子のこんなセリフや
こんな仕草に弱い！ りゅうびを
攻略するのに欠かせない
ときめきポイントを特別に
教えてもらったよ。

きゃんきゃん コーデ ♡

**夏は水着、
秋冬はニット**
その季節にしか着られない
コーデって、グッとくる

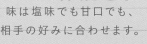
きゃんきゃん レシピ ♡

おいしい**卵焼き！**
味は塩味でも甘口でも、
相手の好みに合わせます。

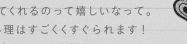
パエリア

……じゃなくてもいいんですけど、
火加減とか大事で難しそうなお料理を
頑張って作ってくれるのって嬉しいなって。
手が込んだ料理はすごくくすぐられます！
その事実だけでもう嬉しい。

**ちゃんとした
スカート丈の制服姿**
女友達だったらどんなスカート丈でも
気にならないんですけど、
もし彼女だとしたら
「あんまり短くして他のヤツに見せるなよ」
って思っちゃうかも。

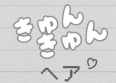
きゃんきゃん ヘア ♡

その子に**似合ってればALL OK！**
正直、髪型も洋服も、本人に似合ってれば
いいんじゃないかな。体型も、太ってても痩せてても
その子らしいのが一番いい気がする。
恋愛って心と心でするものだと思うから、気持ちが
通じ合ったら見た目は気にならないよ！

え・みやせ りゅうび

CHAPTER ———————

4

りゅうびのあたま。

みんな！ "りゅうびのあたま"をのぞく準備はもうできてるかな？

りゅびーずのみんなが僕に聞きたいことをSNSで募集した結果、

めちゃくちゃたくさんの質問が集まりました。本当にありがとう！

素朴な疑問から将来の野望まで、ありとあらゆる質問にどんどん答えていくよ〜。

りゅうびへの質問＝"りゅび問コーナー"のあとには僕の作品もお披露目するよ。

りゅび問コーナー140!

(りゅびーずの疑問に全部答えちゃうよ♡)

みんな、SNSにたくさんの質問を投稿してくれてありがとう。『RB17』を手に取ってくれた
みんなからの質問にじゃんじゃん答えるコーナー、始まりっ。
みんなへありったけの愛を込めて、みんなを"りゅびマニア"に認定しちゃいます!
このパートを読み込んでくれた人は、真の"りゅびマニア"に認定しちゃいます!

Q.001 今後どんな役に挑戦したい?
A. 少し変わった役をやってみたいです。
サイコパスな、ヤバイ役にも挑戦してみたいです。

Q.002 恋愛ドラマで主役と恋敵だったらどっちを演じたい?
A. 主役!

Q.003 今後出てみたい番組はある?
A. 『しゃべくり007』

Q.004 尊敬する俳優さんはいる?
A. 菅田将暉さん! 北村匠海さん!

Q.005 今後共演してみたい俳優さんはいる?
A. 同世代の俳優とは全員、共演してみたいです。

Q.006 俳優業以外だったらどんなお仕事に就きたい?
A. 建築関係かな。
家を建ててみたいです。お父さんが建築家なので。

Q.007 仕事と勉強はどんな感じで両立してる?
A. 頑張ってます!
勉強は大嫌いだけど宿題はちゃんとしてます。
そのあと、台本を読んでます。

Q.008 演技の勉強はどうやってしてる?
A. 作品をたくさん観る。
いろんな役者さんの表現を吸収するようにしています。

Q.009 今まで演じていて一番楽しかった役は?
A. ドラマ『恋する母たち』の蒲原繁秋役。
全部楽しかったですけど、やっぱりドラマ『恋する母たち』
の蒲原繁秋役は思い入れが深いですね。ステージで
ラップ『まんじゅうこわい』を歌ったのも楽しかった!

Q.010 今まで演じていて一番難しかった役は?
A. 映画『夏の夜空と秋の夕日と冬の朝と春の風』
の小杉亘役。 最初に演じた役で、当時は演技経験も
ほとんどなかったので、戸惑いの連続でした。

Q.011 これから先、新たに挑戦したいことは?
A. 洋服を作ってみたいです。

Q.012 20歳までにやりたいことは?
A. 映画の主演!
切ないストーリーの作品にも出演してみたいです。

Q.013 将来はどんな男性、大人になりたい?
A. お父さんみたいになりたい。
僕のお父さんは結構筋肉質でアメカジ系のファッションで
見た目もカッコいいんですけど、仕事にも真面目で
遊ぶときも本気なんです。息子ながら、憧れちゃいます。

Q.014 自分の中でずっとブームなものは?
A. 服です!

Q.015 好きなものは最初か最後どっちに食べる派?
A. 最後です。おいしいものは一番最後まで取っておきたいです。
シメは気持ちよく終わりたいんですよね。

Q.016 お母さんの手料理で一番好きなメニューは?
A. 肉じゃがです。
いっぱいあるんですけど、最近は肉じゃがかな。

Q.017 好きなお弁当のおかずは?
A. ちくわの磯辺揚げ。

Q.018 好きなおにぎりの具は?
A. からし高菜。

Q.019 いちごタルトを好きになった理由は?
A. お母さんが連れて行ってくれたケーキ屋さんで
恋に落ちました。 たしか、小学校4年生くらいだったと
思います。こんなおいしいものがあるんだって驚きました。

Q.020 好きなアニメは?
A. 『チェンソーマン』

Q.021 オススメの恋愛ソングは?
A. さなりくんの『FREE STYLE』。
歌詞もメロディーも好きです。

Q.022 テンションが上がる曲は?
A. 爆風スランプさんの『Runner』。

Q.023 好きなアーティストは?
A. Vaundyさん! 声が好きなんです。

Q.024 好きな数字は?
A. 1。

Q.025 好きな犬の種類は?
A. 豆柴。

Q.026 よく使う絵文字は?
A. にっこり、目が垂れてる顔 ☺
ほんわかしてるやつです。

Q.027 これだけは絶対に無理というものはある?
A. 虫ですね。

Q.028 1週間休みがあったらどこに行きたい?
A. ハワイ。

Q.029 もし1ヶ月休みがあったら何をする?
A. 貯金を使いまくりたい!
服とか、カメラとか、自分の好きなものを全部買いたいな〜。

Q.030 夜眠れないときはどうしてる?
A. オルゴールのメロディをかけます。
ディズニーとジブリが多いかな。

Q.031 眠るときに必要な条件は?

A. 布団、枕、靴下、さらさらの毛布、真っ暗な部屋。
冷え性なのでとくに冬は防寒が欠かせません。

Q.032 夜にお菓子を食べちゃうことはある?

A. 食べないです。
20時くらいに歯磨きしたらもう食べないです。
最近はお菓子を食べることがほとんどなくなって、
たまに食べるとすれば、仕事の現場で血糖値上げるために
チョコレートを一粒口に放り込むくらいかな。

Q.033 早起きは得意?

A. 得意なほうです!

Q.034 朝寝坊しないためにしていることは?

A. 夜遅くまで起きていない、それだけです。
遅くとも23時までにはベッドに入るようにしています。

Q.035 人物と風景はどっちのほうが撮りやすい?

A. 風景。

Q.036 これだけは絶対誰にも負けないっていう特技は?

A. 場をしらけさせること。
これ、ホントですよ。ホントに、誰にも負けないです。
本気で面白いと思って話したら、「あれ、違った?」
みたいなこと、よくあるんです。狙ってないのになんでだ!

Q.037 得意な家事は?

A. 料理と掃除機をかけること。

Q.038 きのこの山派? たけのこの里派?

A. たけのこ!

Q.039 ディズニーはシー派? ランド派?

A. ランド!

Q.040 犬派? 猫派?

A. 犬です

Q.041 朝ご飯はパン派? ご飯派?

A. ご飯です。

Q.042 太陽と月、どっちが好き?

A. 太陽です。 太陽を見ると元気が出る!

Q.043 年末と年始、どっちが好き?

A. 年末。
1年の終わりに向けてみんなで大掃除したり、お正月の準備を
したりするじゃないですか。あの時間と空間が好きなんですよね。
そのあと、1月1日になるのをみんなでウキウキ待つのも楽しい!

Q.044 地元・宮城の好きなところを3つ教えて!

A. 森と都会がマッチしてるところ、食べ物が
おいしいところ、いい温泉があるところ。

Q.045 宮城のオススメグルメは?

A. ずんだ餅。

Q.046 琉弥的宮城のオススメスポットは?

A. 青葉城とこけしが作れる鳴子温泉。

Q.047 宮城でデートするとしたらオススメプランは?

A. 僕の好きな牛たん屋さんに行ってから、
鳴子温泉に1泊!
鳴子温泉はこけしが作れるし、おまんじゅうもおいしいし、
何より温泉の泉質が素晴らしい。肌がめっちゃツルツルになります。
あの源泉の硫黄の香りも好きなんですよね。

Q.048 東京のどんなところが好き?

A. いろんなもの、いろんな人がいるところ。
新鮮で刺激的です。

Q.049 今一番したいことは?

A. 台本を読めたい!

Q.050 今一番会いたい人は?

A. 豆柴のまめ。

Q.051 もし一人暮らしをするなら、何を重視して部屋を選ぶ?

A. 物件のキレイさ。
僕、築年数とか結構気にするタイプなんです。
最初はシンプルでキレイな家に住んでみたいです。
いつか家庭を持ったら一軒家を建てるのが夢!

Q.052 1ヶ月間、ひとつの食べ物しか食べられないとしたら何を選ぶ?

A. カレー。中辛で、豚肉、じゃがいも、人参、玉ねぎ、
豆苗、きのこが入ってるやつ。

Q.053 もし明日地球がなくなるとしたら、最後の日は何をして過ごしたい?

A. 全力で、暴れます。
やけくそになって『新世紀エヴァンゲリオン』の
闘争みたいなことをしちゃうかも。

Q.054 来年の18歳の誕生日に欲しいものはある?

A. 80インチくらいのでっかいテレビ。

Q.055 今度生まれ変わるなら男? 女?

A. 男。

Q.056 りゅびーずと交流するとしたらどんな企画をしたい?

A. みんなで温泉ツアー! みんなと一緒にバスに乗って
現地に向かって、一緒に食事したり、僕のトークショーを
聞いてもらったりしたいな。京都なんていかがですか?

Q.057 琉弥くんとりゅびーずで合言葉を作るとしたら?

A. アールビー!

Q.058 りゅびーずに愛の告白はある?

A. I LOVE YOU♡

Q.059 琉弥くんにとって、りゅびーずとは?

A. 宝です♡

Q.060 うまくヘアセットをするコツはある?

A. 自分の感覚で適当に。
バーっとやっちゃったら意外といい感じになったりします。

Q.061 今までで一番気に入ってる髪型は?

A. ウェーブ系で、長さは耳の中間くらい。

Q.062 カバンの中には何が入ってる?

A. カメラ、台本、リップ、お財布、携帯、香水。

Q.063 これだけは絶対に譲れないってことはある?

A. 裏表がない性格。
僕の長所であり、短所でもあると思っています。

Q.064 今までで一番のおっちょこちょいエピソードは?

A. 原宿駅で山手線のホームに落ちそうに
なったこと。落ちるっていうか、
電車とホームの隙間に両足が入っちゃって、
足の付け根くらいまでズッポリ! あのときは本気で焦りました。

Q.065 1月から12月の中で好きなのは何月?

A. 9月。気温がちょうどいいんですよね。

Q.066 今まで行った中で一番楽しかった場所は?

A. 夢の中。中学生の頃、友達と映画館に行ったら
スクリーンに僕が映ってて、客席にいる人たちが
キャーキャー言ってくれるんです。最高に幸せで楽しくて、
これ、僕の将来の夢なのかもって確信しました。

Q.067 琉弥くんの名前の由来は?

A. 三国志に出てくる『劉備玄徳』です。
お父さんが大ファンなんです。

Q.068 ___ 自分の性格を漢字一文字で表すと?

A. 「笑」。 結構、笑顔が多いので、僕。

Q.069 ___ 自分の顔のパーツで好きなのは?

A. 目です。

Q.070 ___ 好きな言葉は?

A. ありがとう。

Q.071 ___ 緊張しているときや不安なときの対処法は?

A. なんもしない! とりあえず一旦落ち着きます。

Q.072 ___ やる気が起きないときに頑張る方法は?

A. 楽しいことを考える。 仕事で成功したときの自分を
イメージすると、自然とやる気が湧いてきます!

Q.073 ___ ストレス発散方法は?

A. 寝る。 イヤなことは寝たら忘れるタイプです。

Q.074 ___ 昔の自分と比べて成長したなと思うところは?

A. 身長と顔! 内面的には大人っぽくなったかな?
性格や仕事に対するスタンスを俯瞰で見られるように
なったことは、自分的に大きいと思います。

Q.075 ___ 自分を貫くために大切にしていることはある?

A. 挨拶を絶対に大きい声で言う!
これだけは、何歳になってもどんな立場になっても絶対に
続けるって決めています。そのためにも謙虚であることをすごく
大切にしたいんですよね。肝に銘じるために『謙虚さがなくなる
14の兆候』をスマホの待受画面にしています。

Q.076 ___ 仕事の本番直前に必ずやっていることはある?

A. こめかみを指でぐるぐる押す。
これをすると一瞬で役に入ることができるんですよね。
僕のスイッチはどうやらこめかみにあるらしいです。

Q.077 ___ どんな言葉をかけられたら頑張れる?

A. 頑張れ! シンプルが一番いいです。

Q.078 ___ 最近、頑張っていることは?

A. 台本を読むこと、覚えること。
作品をいくつも縫えるなんてありがたい話で
嬉しい悲鳴なんですけど、正直、かなりテンパってます。
でも、最高に幸せです!

Q.079 ___ 最近幸せだなと感じたことは?

A. お仕事をたくさんいただけていること。

Q.080 ___ 最近嬉しかったことは?

A. 誕生日を迎えたこと。
僕、早生まれなんで友達の中でも誕生日が来るのが
遅いほうなんです。だから、毎年1月になると
「やっと僕の番だ♪」って嬉しくなります。

Q.081 ___ 最近買ったものでお気に入りのものは?

A. Leicaのカメラ。

Q.082 ___ 最近驚いたことは?

A. 『RB17』の仕上がりの素晴らしさ!

Q.083 ___ 最近あった面白い話は?

A. カフェでカッコつけちゃったこと。
オーディション終わりに喉がカラカラですごい
オレンジジュースが飲みたくて近くのカフェに入ったんです。
席に案内してもらっていざオーダーしようとしたら、
店員さんが偶然僕のことを知ってくださっている女性の方で
「宮世さんですか? いつも見てます」って話しかけてくださって。
で、つい「ブラックで」ってカッコつけちゃったんですよ。
めちゃめちゃフレッシュオレンジジュースが飲みたかったのに、
カッコよく見られたい気持ちが勝っちゃったんですよね。
そのあと、運ばれてきたブラックコーヒーは熱くて、
とても一気飲みできませんでした(笑)。

Q.084 ___ 最近のマイブームは?

A. カメラで風景や人物を撮影すること。
いつも持ち歩いていて、今も持っています。

Q.085 ___ 家族との面白いエピソードは?

A. 妹の誕生日勘違い事件!
すっごいたくさんありますけど、最近一番笑ったのは、
家族全員が下から二番目の妹の誕生日を勘違いしていたこと。
なぜか全員1日間違えていて、前日に「おめでとう」って
伝えたら「私の誕生日、明日なんだけど」って言われて。
みんなでズッコケちゃいました。

Q.086 ___ この家族でよかったなと思える瞬間は?

A. みんな僕の作品を丁寧にチェックしてくれる!
放送終わりに僕の出演作の感想をくれるんです。
「あの作品のあそこがよかったな」とか。すっごく励みになります。

Q.087 ___ この場を借りて家族に日頃の感謝の言葉をどうぞ!

A. ここまで、大きくなりました!
育ててくれてありがとうございます。
これからも迷惑をかけると思いますが、
よろしくお願いいたします。

Q.088 ___ 妹の可愛いエピソードはある?

A. 無邪気におままごとをしているところ。
下から2人が今でもよくしていて、僕も結構巻き込まれています。
2人はモデルとお母さんの役で、僕はなぜかサラリーマン(笑)。
仕事に疲れて「ただいまー」って家に帰るセリフを言うと、
お母さん役の妹が「書類提出してください」って返してきて、
「おいおい、役が全然ズレてるよ」って心の中で突っ込みながら
「可愛いな」って思って、サラリーマンを演じきります。

Q.089 ___ 妹とケンカすることはある?

A. あります!
大抵、原因はごはんの取り合いですね。「お前これ食べただろ!」
とか。僕、食べ物に関しては容赦しないタイプなんで。

Q.090 ___ 妹以外で欲しかった兄弟はいる?

A. 弟とお姉ちゃん。

Q.091 ___ 男女の友情って成立すると思いますか?

A. Yes!
女家系の中で育ったせいか、男女関係なく友達になれます。

Q.092 ___ 友達を作るときのコツはある?

A. 質問を何個か用意しておくこと。
例えば、「好きな音楽ありますか?」って聞いたら、それで
どんどん話が広がっていくじゃないですか。食べ物でも
映画でもいいし、そういう誰とでも盛り上がれそうなシンプルな
質問をいくつか頭に浮かべておくようにしているかも。

Q.093 ___ 誰かのことを素敵な人だなと、思うのはどんな瞬間?

A. 自分を貫いてる人。
年齢とか関係なく、自分の好きなことをして夢に向かって
走っている人って、輝いて見えますよね。ファッションもトレンドや
周りの意見に左右されずに自分の好きなものを着ている人って
素敵だと思います。あとは、人助けがナチュラルにできる人。
尊敬しちゃいますし、自分もそうでありたいです。

Q.094 ___ 高校生の間にやりたいことや挑戦したいことは?

A. 現役高校生のうちに、
高校生役でドラマか映画の主演を獲る!

Q.095 ___ 理想の青春学校ライフとは?

A. ちょっと悪ふざけして、先生に怒られるとか。
学祭や体育祭で盛り上がったり、美術室で絵を描いたりとか。
プールにバーンって飛び込んだりするのもいいな。

Q.096 ___ 学校であった面白いエピソードは?

A. 中学校の卒業式に、
歌のパートを自分だけ間違えちゃったこと。
詳細はこの本の中の『りゅうびのれきし』を読んでください。

Q.097　一番得意な科目は?

A.　体育。

Q.098　今、男子高校生らしいことしてるなって思う瞬間は?

A.　勉強、宿題。

Q.099　今から部活を始めるとしたら何部に入りたい?

A.　バスケ部かサッカー部。

Q.100　宇宙人はいると思う?

A.　いる。　だって僕らがいるもん。

Q.101　日本語と英語以外にひとつ話せるとしたら何語を話したい?

A.　韓国語か中国語。

Q.102　佐藤二朗さんとコメディー作品で共演が叶うとしたら役柄は?

A.　佐藤二朗さんの息子。

Q.103　今まで会った中で一番カッコいいなと思った俳優さんは?

A.　北村匠海さんと藤原竜也さん!

Q.104　作ってみたいグッズはある?

A.　香水。

Q.105　ファンサービスのレパートリーはどれだけある?

A.　**100**個!

Q.106　これからの目標を3つ挙げるとしたら?

A.　いろんな人と出会う、たくさんの作品に出る、
　　恩返しをする!　恩返しはりゅびーずのみんなにも、
　　家族にも、スタッフのみなさんにも。
　　みんなが期待してくれるから、僕は頑張れるんです。

Q.107　何歳までには何がしたいという大きめで明確な目標はある?

A.　**25歳ぐらいまでに
『日本アカデミー賞』の
主演男優賞を獲りたいです!**

Q.108　20歳はどんな宮世琉弥になっていたい?

A.　ハタチに見えないぐらいフレッシュな宮世琉弥。
　　年齢詐欺したいです。

Q.109　5年後はどんな自分になっていたい?

A.　透明感がスゴすぎてスケルトンに
　　なっちゃうくらいさわやかな自分。

Q.110　10年後どんな自分になっていたい?

A.　ダンディーでカッコいいオトコ。

Q.111　一番好きな野菜は?

A.　じゃがいも。

Q.112　いちごタルトの次に好きなお菓子は?

A.　マカロン!　シュークリームも捨てがたい。

Q.113　和菓子と洋菓子どっちが好き?

A.　どっちも♡

Q.114　ラーメンは何味が好き?

A.　とんこつ味。

Q.115　お寿司屋さんで一番初めに食べるものは?

A.　中トロ。

Q.116　小学校の頃に好きだった給食は?

A.　焼きそばパン。

Q.117　好きなポテトチップスの味は?

A.　のり塩。

Q.118　好きな花言葉は?

A.　バラの「愛と美」です。

Q.119　芸能界に入るきっかけのひとつである、
　　『ももいろクローバーZ』で好きな曲は?

A.　『行くぜっ! 怪盗少女』。

Q.120　BTSの中だったら誰のファン?

A.　グクとテテがすごく好きです。

Q.121　これからりゅびーずとどんな思い出を作っていきたい?

A.　天に召される瞬間、
　　僕のことを思い出すくらいの思い出。

Q.122　りゅびーずのことはどれくらい好き?

A.　**宇宙イチ!**

Q.123　りゅびーずの好きなところは?

A.　「好きにしていいよ」って言ってくれるところ。

Q.124　寒い日の着こなしや防寒対策は?

A.　ALLヒートテック装備。

Q.125　スヌード派? マフラー派?

A.　マフラーで。

Q.126　黒髪にする予定は?

A.　あります!

Q.127　周りから言われたりしたことのある天然エピソードは?

A.　天然じゃないのでわからないです(笑)!

Q.128　新しい苗字"宮世"の評判は?

A.　めっちゃいいです!

Q.129　大切にしている言葉は?

A.　宮世。

Q.130　琉弥くんにとって、生きるとは?

A.　仕事をすること。りゅびーずを喜ばせること。

Q.131　最近ギター弾いてる?

A.　はい!

Q.132　最近作った料理は?

A.　カレー

Q.133　授業中に寝ちゃったことはある?

A.　あります。

Q.134　勉強中に眠くなったときの乗り越え方は?

A.　寝てもう1回起きる!　とりあえず1回、寝ちゃえばいいんですよ。

Q.135　琉弥くんのテスト勉強の仕方は?

A.　紙に書いてひたすら暗記!

Q.136　自分で料理をして「これは天才だな俺!」って思ったメニューはある?

A.　トマトのコンフォート。

Q.137　琉弥くんのえくぼのお家賃はいくらですか?

A.　**1億円!**
　　だってずっと顔の上に乗っかられてるんですよね?
　　1億円でも厳しいかも(笑)。

Q.138　仲良くなってみたいなと思う俳優さんはいる?

A.　**YOSHI**くん。

Q.139　仕事仲間でよくごはんに行く人は?

A.　(奥平)大兼と(藤原)大祐。

Q.140　(小泉)光咲くんとの一番の思い出は?

A.　移動中のおしゃべり。
　　光咲は仙台からずっと一緒にやってきた仲間で親友なんですけど、
　　一番の思い出は、毎回東京に向かう新幹線や夜行バスで
　　将来の話をひたすらしたことかな。

RBミュージアムへようこそ

僕の趣味のひとつはオフの日に絵を描くことと写真を撮ること。
たくさんある作品の中からとっておきの作品をセレクトしてこの本に収めることにしました。
世界でひとつだけ！ 僕の感性が紡いだオリジナルの作品をぜひ。

no.1 _ TITLE:

印象

どこまでも長く続く土の道の向こうに広い空と森が広がっている……。映画『ワイルド・スピード』や『トランスフォーマー』に出てくるような情景を僕なりに表現。絵を描くときはクレヨンを使うことが多いけど、繊細なタッチで描ける鉛筆も好きなんです。ところどころわざと雑に描いてムードを出しました。

no.2 _ TITLE:

それぞれの色

これはピンクが女性、ブルーが男性で男女を描いているんですけど、両者の考え方の違いを示しています。男女ってそれぞれのフィルターを持っていると思うんです。同じ人間なのに考え方も感受性も微妙に違ってくる。そこがもどかしくもあり、愛おしくもあるところだと思うんですよね。そんなジレンマを絵にしてみたわけです。

no.3 _ TITLE:

森林

よく晴れた冬の昼間に、行くあてもなく散歩をしていたら、目の前に現れた木と木の間から光が射してきたんです。その光景があまりにも神々しくて、眩しくて、尊くて……。どうしても形に残したくなって、シャッターを切りました。僕の地元、仙台は杜の都と言われるほど緑が多いので、どこか懐かしさも感じたのかもしれません。

RB MUSEUM

no.4 _ TITLE:

「 一緒 」

中央の人はブルーの肌でまつ毛が長いほうが
女の子、イエローの肌で髪が赤いほうが男の
子。顔が重なっているのは「性別は違うけど
一緒だよ」って意味です。色のイメージは男
の子は熱血な赤とエネルギッシュなイエロー、
女の子がおしとやかなブルー。異なる2人を
同じ灰色のオーラでまとうことで、見た目は
いろいろあるけれど、人はみんな一緒だとい
うメッセージを込めました。

no.5 _ TITLE:

「 黒雲 」

これは曇り空の日にフィルターもつけずにシ
ンプルに撮影したんですけど、モノクロじゃ
なくてカラーなんです。こんなに暗い空を見
たのは生まれて初めてかもしれないと思って
慌てて撮りました。何か伝えたい思いがある
とかじゃなく「あ、今だ！撮らなきゃってピ
ンときて、急いでバッグからカメラを取り
出したのを今でもよく覚えています。

no.6 _ TITLE:

「 ビル 」

仕事で行ったスタジオの窓から見えるビル群
が美しくて思わずシャッターを切っている自
分がいました。朝の光がとてもキレイで窓枠
のところに七色のプリズムができていて「あ！
ちっちゃい虹だ！」って嬉しくなったりして。
それにしても、この建物の中にいろんな人の
生活があると思うと想像を絶しますよね。

no.7 _ TITLE:

「 感じたままに 」

タイトルが表しているように、スケッチブッ
クを目の前にしたときに感じたことをそのま
ま絵にしてみました。最初はとにかく丸をた
くさん連ねていって、そしたら今度は緑を足
したくなって……。そんな風に、頭の中で閃
いたことを素直に描いていったらこんな構図
と色彩になったんです。こういう絵を描きた
い衝動、度々訪れるんですよね。

no.8 _ TITLE:

『
オアシス
』

これはブルーのフィルターをつけて、ビルの屋上で撮りました。オーロラっぽくもあり空の真ん中の光の中から神様が出てきそうで、「幻想的なムードにあまりに惹かれたので、「時を止めたい」という思いでシャッターボタンを押しました。都会の中のオアシスのようにも写ったのでタイトルはそう名付けてみました。我ながら素敵な色彩だと思います。

no.9 _ TITLE:

『
ぶりっ子女
』

水色の顔でピンクの髪の女の子は、ぶりっ子なんです。髪に数え切れないくらいたくさんのリボンが付いていて、それは顔も見えなくなっちゃうくらいで。辛口に感じるかもしれませんが、僕、あざとくてぶりっ子の女の子が少し苦手なんです（笑）。でも、そのあざとさがありのままなら受け入れます。そんな意思も盛り込みました。

no.10 _ TITLE:

『
合体
』

「いろんな花が集合したらどうなるんだろう？」と素朴な疑問が頭に浮かんだのが着想の始まり。いろんな花の花びらを全部抜き取って1箇所に集めてみたら面白いんじゃないかなというイメージで、心が赴くままに描いていったらひとつの塊になりました。本当に偶然できた作品です。

no.11 _ TITLE:

『
梅
』

梅の花って、春を代表する花でありながら、まだ寒い季節に咲き始めますよね。この子はこの木に芽吹いている蕾の中で一番初めに花開いて満開になっていたんです。まだ周りの子たちは夢の中にいるのに。その様子が愛らしくもあり、孤独なのに凛としているところがカッコよくてひと目で恋に落ちました。花は好きで、つい撮ってしまいます。

RB MUSEUM

No.1

これは大海原でそこに巨大なりんごが浮かんでいるんです。この黒い部分、影みたいに見えますよね？ 僕の中ではたくさんの人が押し寄せるように浮いているイメージなんです。僕のいつまでも浮いていたいという気持ちが強く表れてしまったのかも。そして、この大挙している人の中で一番になりたいという野心も潜んでいるんです。

no.13 _ TITLE:

まめ

うちの豆柴のまめ。名前はお父さんが付けました。撮影期間が終わったとき久しぶりに会った記念にまめを撮ろうとしたら、まめがすごく興奮して勢いあまってフレームアウトしちゃったんですよ。その躍動感を切り取った1枚です。写真のいいところは、こういう素敵な"瞬間"を"永遠"にできるところですよね。

りゅうびオリジナルキャラクター

WHAT'S "りゅびぐるみ"??

『RB17』の中にもちょいちょい登場する
りゅびぐるみは、僕と動物をフュージョンさせた
オリジナルキャラクター。2019年に誕生。
今や愉快な仲間たちがこんなに増えましたっ！
今から他己紹介するから、みんな、仲良くしてね。

りゅび羊

鳴き声：メーメー
性格：のんびりやさん
口グセ：眠いメー

りゅびカバ

鳴き声：ガバ！
性格：くいしんぼう
口グセ：おなかすいたガバ

りゅびレオン

鳴き声：ペロン
性格：人見知りで引っ込み思案
口グセ：うるさいペロン

りゅびカワウソ

鳴き声：きゅーきゅー
性格：ハイテンション
口グセ：遊ぼうきゅー

みんな☺

ここまで読んでくれてありがとう!!

初のスタイルブック 嬉しかった〜!!

りゅびーず(RB)の おかげだね!!

これからも、宮世琉弥を宜しく!!

Thank youuu♡

宮世琉弥
でした(笑)

STAFF

Photograph
田形千紘

Photograph Assistant
今井 遥

Styling
徳永貴士

Styling Assistant
伊藤文香

Hair & Make-up
礒野亜加梨
小林麗子

Edit in Chief & Text
石橋里奈

Art Direction
松浦周作 [mashroom design]

Design
堀川あゆみ　高橋紗季　青山奈津美 [mashroom design]

Printing Direction
富岡 隆 [トッパングラフィックコミュニケーションズ]

Artist Management
柴田貴史 [STARDUST PROMOTION]

Edit
海保有香　海瀬僚子 [SDP]

Sales
川崎 篤　武知秀典 [SDP]

PR
渡辺実莉 [SDP]

Special Adviser
田口竜一 [STARDUST PROMOTION]

Executive Producer
藤下良司 [STARDUST PROMOTION]

COSTUME COORDINATION

三松
&be
2nd existence
BIG JOHN
CHICSTOCKS
CoSTUME NATIONAL
DOMENICO+SAVIO
EYEVAN
EYEVAN 7285
EXTREMEZ
FACTOTUM
HUMIS
Iroquois
LACOSTE
MAMMUT
masterkey
Milok
MR.OLIVE
Paraboot
rehacer
TAKEON
The Viridi-anne
TODAY'S KICKS
Wrangler
Y's BANG ON!

SPECIAL THANKS TO

ONIBUS COFFEE
福田麻衣
柾木愛乃
たろう
りゅびーず

RB17 りゅうびセブンティーン

発行　　2021年3月14日　初版 第1刷発行
　　　　2021年7月21日　　　第3刷発行
著者　　宮世琉弥
発行人　細野義朗
発行所　株式会社SDP
　　　　〒150-0021　東京都渋谷区恵比寿西2-3-3
　　　　TEL　03 (3464) 5882 (第一編集部)
　　　　TEL　03 (5459) 8610 (営業部)
　　　　ホームページ　http://www.stardustpictures.co.jp
印刷製本　凸版印刷株式会社